RUMMET HAR ETT FÖNSTER

EVA NORBERG

RUMMET HAR ETT FÖNSTER

Dikter i urval

HME Publishing
Stockholm

Av Eva Norberg (1915–2004):

Evig låga 1941
Tidig vår 1943
Kvast 1945
Vingen 1951
Smide 1954
Små ting och vanliga dagar 1957
Vänta mig, vingar 1961
Var rädd om – 1966
Rya 1970
Biktbarn 1988
Samtidigt 1988

HME Publishing
Stockholm

Grafisk form: Tobias Hagberg

Andra utgåvan, första tryckningen
Tryckt i EU 2010

ISBN 978-91-977260-8-5

I

RUMMET HAR ETT FÖNSTER

Rummet har ett fönster

Jag bor i ett rum
det rummet
har ett fönster mot himlen

Genom fönstret
går gryningen och natten
Genom fönstret
ropar stjärnan och vinden

Mitt liv är ljuset
som jag bär till fönstret
Mitt liv är lågan
i draget mellan rum och rymd

Och någon därute
ser detta rop
tyder mitt tecken

Jag är

Fråga inte mer
om livets mening
Som om inte livet
vore mening nog

Känn din puls
och lyssna till din andning
Livet är
och du är ett med livet

ständigt havande
och bärare och buren
av den rytm
som sammanhåller Alltet

och som ropar, viskar, andas
i ditt blod, ditt hår, din hud
namnet som i skapelsen är skrivet:
JAG ÄR

Fråga inte mer
om livets mening
Andas med i rytmen
och var still

Här går du och jag
och vi är till –

Vaknatt

Dessa fönster ut emot tysta
sjärnhopars gång i det höga
in emot rum belysta
av nattlampans ängsliga öga

Dessa tusen olika öden
i fattigt och naket ljus –
barnsbörden, livet och döden
trängda i samma hus

Denna enkla trygghet och klarhet –
gemenskapen innanför
vår nöd och himlens närhet
Guds son, som föds och dör

Dessa vakande, vida fönsters
gränslösa perspektiv –
alla rums, alla villkors och mönsters
lins emot evigt liv

Vision

Vingsnabb, ljuslätt
är visionen

fågeln fjärran från
fäller i min hand sin vinge
Bländande
så vit är skruden

Genom varje cell i huden
genom blod och nerver springer
strömmar kraft
från hans beröring

I sekundsnabb närhet, visshet –
navelsträngens puls

Jag tror på tecknen

Jag tror på tecknen
på de sällan tydda –
det tysta strået
i en torrbränd mark

Jag tror på aningen
och på nyansen –
det bruna skimret
kring en risig björk

Jag tror på löftet
i en nyfödd linje,
på valvens längtan
i en lösryckt låt

Jag tror på barnet
djupt i blickens botten,
den spotska läppens
darrning emot gråt

Prisma

Ja, som ett prisma
färglöst självt dock rymmer
vad allt av färgers prakt
som ljuset äger
så är din dag
din gråa dag
av himlens närhet genombruten

Ekonomi

På min undran
i morse
varför det ofta
just för mig
timligen
ter sig
så tämligen
knappt

svarade han mig

Det skulle
enligt detta svar
vara lättare för honom
att sörja för mig
med vad jag behöver
än för mig
att göra mig fri
från det
jag inte behöver

Gråt barn

Vad är det du värnar om
knyter dig kring
nämner som stolthet och styrka?

Gråt barn
stilla som vårregn
förlösande jorden

förlösande livet
till växt och mognad

Varandras gråt

Att leva tillsammans
och att följas åt
är att hjälpa varandra
med varandras gråt

Tid säger du

Tid säger du
och menar svinnande
Barn
en fläkt är det
fram och åter
en vind genom håret

Tid säger du
och menar åldrande
Barn
någons händer är det
i varlig kupa
kring dina tinningar

Avresa

Den morgon du kör fram
din vagn till min trappa
tvekar dimmorna över gräset
Gullregnet håller varsamt tillbaka
sina klasar
Ett stånd vita liljor
sedan klostertiden
under köksfönstret
doftar starkt av mandel

Natten har varit orolig
som alltid före en resa
Men skorna väntar borstade
vid tröskeln
och jag är beredd

När jag stiger upp i vagnen
vänder du dig halvt om mot mig
och ler
och jag ser
att du är en vän

En morgon

Då skall jag gå ut över slätter
och se över vida hav
och veta att det som varit
är allt vad livet gav

Under en rymd oändlig och nära
som ljusår och hjärtats slag
i Skaparens Varde och Amen
den yttersta, första dag

Du ska ingenting äga

Du ska ingenting äga
av det som du krampaktigt
knyter dig kring

Du ska intet behålla
av det som du ängsligt
räknar i droppar

Men allt
som du fritt låter skölja
genom dig fram och åter

som hav genom alger och tång
dränkande din vävnad
till förvandling

Mot gården

Bara den som fick fönstret mot gården vänt
där tristhetens tvättstreck sitt notsystem spänt
fann musiken i gråsparvens ton

Bara den som fick sikten mot målet skymd
fann i måsvingens flykt mot fliken av rymd
den vita vilan och ron

Bara den som bor i murskugga grå
kan popplarnas sträckta längtan förstå
emot rymdens bortesta stjärna

Bara den som armodets botten nått
har prövat livets fullaste mått
och smakat skönhetens kärna

Ett mönster ser jag

Så min hjärtans kära syster
ett mönster ser jag
ett kvinnomönster
Stundom klart och stilla tecknat
i nuets ljus och dagens båge
Stundom böjligt vajande
som bruten bild i vattenspegel
som spindelväv i morgongräs –

dockleken
sju blommor
värkarna
rynkiga händer
slutna som snäckskal
kring en sång

Slit dig
om du tror dig
ha eget att leva
Ja, slit dig ur
Men aldrig blir du fri
från trasorna

av något –

ett mönster
ett kvinnomönster

Fasans natt
ska det överleva
Ensamt kvar
ska det skimra i morgongräs
och fånga en ny sol

Lapp på min dörr

Jag ska bara gå nerför ängen
och plocka en knippa klöver
för honungens skull
för den ordlösa klarhetens skull

Jag ska gå på den svala renen
Kanhända jag dröjer något
för tystnadens skull
för de solmätta hässjornas skull

Var rädd om

Var rädd om

livet
fontanell och tinning
den blå lågan
vid fönsterkarmen
som ingen annan ser

Var rädd om –

II

NÄR JAG BEDER

När jag beder

Jag vill se så mycket
mina ögon tål
av min Herre

Därför lyfter jag blicken
när jag beder
och ser
rönnens rodnande klasar
fjärilars flykt i sensommarhagen
barnens lek i en knarrande gunga
mattan i koret, nött intill varpen
av alla hans kärlekssteg

Därför öppnar jag mina händer
när jag beder
och rör
vid björkstammens vita näver
vid gräset och jorden
vid barnens mjuka
solvarma kroppar
och vid altarringens svala linne

Låt mig bedja så
med öppna ögon
och öppna händer

Jag vill se så länge
mina ögon tål
när jag beder
tills jag bländas
Låt mig sluta dem då
och böja mig djupt
att jag ej må förgås

Innan

Jag vill veta dig, käre
innan
gå med dig över ängarna och fälten
se dig lyfta fågeln som fallit
se kornaxen glida
genom dina varma händer
dina ögon mörkna i svårmod
i vårens violetta dagrar
glittra i glädje över brödet
över barnens lek vid brunnen
över ordens beredvillighet
att lyda dina tankar

Jag vill följa dig, Mästare
se dig skratta en gång på bergen
med vinden genom hår och kläder
höra dig säga en gång
att du är glad åt att vara människa
dela den glädjen med dig
innan –

innan
detta svåra
som jag inte förstår
som för evigt förenar oss

Jag såg

Jag såg två händer lika rosenblad –
i all min ängslan blev jag plötsligt glad

Jag såg det svåra som jag väntar på
och all min glädje blev till ångest då

Jag såg två rosenblad kring allt som sker
och där fanns ingenting att rädas mer

De händerna

Allt är omslutet
av de händernas kupa
uppåt oändligt nog
för fågels flykt
för tro att bygga
jubel att stiga –

och för det fallande
bruten vinge
trött tanke
vilsen snyftning
en botten av kärlek –
De händerna

Dig emot

Se, mina lysande lampor
släcktes en efter en
De var väl utbrända kan jag tro
Går ej att tända igen

alla de lustigt gungande gula
och arbetslamporna blå
så dagsljusklara och så de många
med stämningsskärmarna på

Här i min blindhets plåga
här i mitt lamplösa hus
famlar min fot

dig, du eviga låga
dig, du punkt av ljus
dig emot

Odlares bön

Lär mig gå mycket stilla
över jord Du bjöd mig bruka
samla himlens regn och solsken
i min bruna vardagskruka

Lär mig glädjas åt det lilla
Ej blott vänta mogen säd
Inte söka efter frukten
när i blom står mina träd

Orientering

Betänk och besinna:

när små utvecklas
unga invecklas
jag avvecklas
leder allting lätt
till förveckling

den vanliga, allmänna vägen

Men jämsides löper en stig
enskild
med grindar
mot utsikt och insikt
Dess namn är förbön

Den vill jag gå
och vila vid grindar

III

KYRKA

Kyrka

Ett skrin
ett kostbart och härligt
buret på gungande
stänger av guld
genom år av öken

Jag vet
av vad trä det är fogat
längst under gyllene smide och skrud –
ett fattigt
ett naket och flisigt
som skaver Gud

Altare

I ådrat trä går skapelsen
och sekelseklers mönsterspel
igenom stenen sköljer

Guds händers hud har vidrört det
Hav bort, hav bort din myckenhet
som döljer

Marias bön

Jag, Maria, ropar
Jordens kvinnor, hör!
Jag har ropat länge redan
Lämna mig ej ensam
utanför och ovanför
eller långt
för länge sedan

Lyft mig ifrån altaret
och till brunnen ner
bort från höga skrank och stoder
Systrar hör mig, jag vill
andas nära er
jag Maria
Herrens moder

Pieta

Tre gånger tre månvarv bar jag min son
Tala inte med mig om uppståndelse
eller om vem som först fick veta

Tre gånger tre månvarv bar jag min son
Före alla visste jag allt
alltsedan bebådelsen och svärdet

Tre gånger tre månvarv bär jag min son
Bortom grav och uppståndelse
hitom liv och död är strängen tvinnad

Inte en långfredag
inte ens en påskdag
kan skilja mig från min son

St. Petruskyrkan i Rom

Kyrkoår

Bräck igenom varje vardags
grå stenmur
med klang från klockor
med klang från vigd malm

Bryt i ett stycke människoliv
som i prisman av kristall
eller i glasskärvan
bryt dina färger från vitt till lila

Brusa som våg och dyning
över mig, kring mig, ini mig
dina slag, ditt hjärtas slag:
ett barn varder fött – för dig utgiven

Bräck, bryt och brusa
genom detta stycke människoliv

IV

MIN DIKT

Min dikt

så som man torkar vattnet
från skurade stycken trägolv
vrider ur trasan i hinken

och gläder sig
åt det vita träets
frilagda tecken

Legend

Vi sitter som barn vid vägen
Den mjuka leran
och regnbågsskimret
i vattenpölen
formgivarlusten
i fumliga händer

En fågel
En lerfågel
Ser ingen mer än jag
att det ville bli en fågel?

Mästaren stannar
vid det lekande barnet
böjer sig ner
och rör varligt
vid klumpen av lera

och se!
Fågeln lyfter och flyger –
Ser ingen mer än jag
att den flyger?

Dilemma

Oskrivna blad
väntar på dikten
den om livet

Men var gång på ditväg
slokar en blomma
törstar ett blad
på min fönsterbräda

har ekorren nyss
stulit småfågelmaten
ropar det rostrött i väven
efter ett kornblått nystan

vill den ene ha hjälp
med sitt räknetal
och den andre
med stickan i foten

För livets skull
ska dikten
den om livet
aldrig bli skriven

Före dikten

Som i klockas kupa
som i tystnads välva
som i temepelkåpa höljd
och böjd i bidan –

börjar så vid fästet
tunga kläppen skälva
brister stillnan sönder
tränger blod ur slidan

– men ägde jag skickliga händer
och vore ett städ mitt arbetsbord
låg släggan och hammaren i min hand
då behövde jag inga ord

Då skulle jag smida grinden
med hängbjörkens trådfina mönster i
och tallarnas linjer mot kvällen
till ett gallerverk skulle bli

Och skålen skulle jag hamra
förutan all sirning och krusad kant
skålen till allt det blåaste blå
till det som är ent och sant

Då skulle du öppna grinden
och vandra rakt in i skönhetens land
Då skulle du känna svalkan
av sannhetens skål i din hand

Till en poet

Prisad vare du
för
många sköna ord

välsignad
för
din rätta tystnad

Ett sätt att värja sig

Ett sätt att värja sig
ett sätt att fly
att gripa fäste emot fallandet
i stup och svindel –

så diktar du
och värjer dig mot Ordet
så fäktar du med ord
i svindelstunden
och återfår balans och sans
och undgår denna gång
och nästa kanske
det osägbara mötet –
tystnaden i Gud

Två ord

Tung är stenen
tom är platsen
där kyrka predikar kyrka
dikt skriver dikt om dikt

Två ord
Maria
Rabbuni
är de enda av vikt

V

FANNS INTE DU –

Fanns inte du, så var ej heller jag

Vem bryter brödet för min stora hunger
Vem pressar drycken för min tunga törst
Vem skär ur skrovlig bark en flöjt, som sjunger
min väg mot ljus när nattens nöd är störst?

Fanns intet svar, så fanns ej rop och fråga
Fanns ingen natt, så grydde ingen dag
Och visste jag ej dryck, var törst ej plåga
Fanns inte du, så var ej heller jag

Du är mig bröd och dryck. I dina händer
får flöjten form och ton i gryningsvind
Dig söker jag igenom drömmens länder
Dig väntar jag vid varje vakas grind

Famn

Där bor min trygghet
tyst och stark
Där väntar den mig
i boet
byggt av din utsträckta arm
och ditt varma hjärtas korg

De lekte så

De lekte så sin kärleks lekar
med brutna stickor, gråa stenar
på huk vid tröskeln
mellan dag och natt
Ännu kvar i dagen
som lutade sig tung av kvällssol
mot de bländvita husen
de låga kring branta gränder
Deras händer plockade tunnhudat
de flata stenarna
och snuddade varandra
varmt sträva av sandstoft

tills leken sjönk som allvar
och deras lemmar blev tunga
som av solmättnad
tills deras glädje
snyftande snörde kring andetagen
som flämtande vingfladder
tills solguldet rann som smälta
in under grändvandrarens
lila mantel

Då
lyfte de sina kroppar som barn
och bar dem över tröskeln
till huset som var deras
till natten som var deras
och älskade varandra

Du ropar i kväll

Hur är det min kära
Du ropar i kväll
i skymningsdunklet
som nära
tryckt intill fönstret står
Hur är det min kära
Du sänder mig bud
i lågan som summar
i pendeln som går
och i bärnstenens tyngd
mot min hud

Tankelek

Jag har ofta lekt med tanken
att gå till dig
väg som genar
tvärs igenom slingerkrokar
över rösen
snår och stenar

rakt igenom morgongrindar
dagars räcken
nätters bleken
Jag har ofta i min tanke
tyst och hemligt
lekt den leken

Mellan två

Mellan två allt detta
så att mötet aldrig blev
Ständigt vidgar sig en klyfta
Ständigt fylls den av
allt detta
avigord och avundstystnad
hävdelse och trots och tycken

Mötet mellan två
som kunde varit
kraft till enhet
blev till splittring
blev till skärvor
i miljoner väderstreck

Ingens växt
blev bådas död

Efter bön (som blev stillhet)

Jag är din gård, min käre
Jag är din gård i världen
Inte stenlagda gångar
att tvunget gå rakt
ifrån dörr och till grind
ifrån grind och till dörr
Men gräset mjukt
kring barfotafötter
vilda blommor och klätterträd

Långt in kan du ströva
långt från min dörr
döv för mitt ropande
Glömma dig kan du
djupast och längst in
Vända så sakta tillbaka
som jag såg dig i natt
i min dröm
trött in genom öppna dörren

Jag är din gård i världen

Havet och stenen

Med sin nöd
reste hon till havet
Och havet gick in i henne
och gav henne sitt svar

Hon vaknade med en sten
i handen
och sökte länge
vid sina fötter
efter den andra
förgäves
efter den andra
som stenen i hennes hand
genom miljoner år
böjt sig kring
och fått sin form av

Väntar dig

Vad betyder det att allting
väntar dig ännu
vandringsman –
att vattnet är friskt
i lerkrukan på furubordet
och det vita brödet är skuret
att din bädd lyser sval
ur skymningen
att fönstren står öppna
vidöppna ut
mot de regntunga skyarna
och svalorna pilar som tankarna
lågt, lågt och lite ängsligt –

Vad betyder det att allting
väntar dina fötters steg
väntar att stilla din törst
och din hunger
väntar dig, vandringsman –

VI

TID ATT TYST BETRAKTA

Tid att tyst betrakta

Och går jag ut, och går jag sakta
och andas djupt i hasseldungen
och stannar jag för att betrakta
en furas växt från rot till krona –

Jag hör en hackspetts kastanjetter
Yrvaken putsar humlan benen
En prickig piga varligt stiger
i laven på den gråa stenen
De torra fjolårslöven prasslar
av tusen småkryp, oskönjbara
och ner ur granen halvgnagd rasslar
en kotte ekorr'n nog tänkt spara

Då vet jag plötsligt läkt och stilla
att ingenting väsentligt ändrats
fast vintern härjat svårt och illa
de övergivna fågelbona

blott jag går ut och vandrar sakta
och ger mig tid att tyst betrakta
en furas växt från rot till krona

Morgonväg

Se träden i maj
häggen i blom
Se hasseln
Se hundens ögon
och barnets –

Syndafallet
är vuxenmänniskans
medvetna nej

Du lyfter mitt ansikte till dig

Silvergrått gryningssljus över vattnet
mot himlen åsarnas blånande band
spindelvävarnas skirhet i gräset
och någonstans från
mot mina sinnnen
leende hövind och smultronstråk –

Du lyfter mitt ansikte till dig
håller det i dina händer
skänker, skänker

Upphittat

1. Tallgrenen fann jag
bruten i fället
sluter min hands värme
kring sårytan
När jag går vidare
följer den mjukt
min kropps rörelser
viftar den nöjt
sina barr i solen
doftar den vilt
av färsk kåda

2. Tåhättan skriker
en varning till sulan:
Se tussilagon!

I en stund av galenskap
har någon plockat solen
för att tappa den på trottoaren

3. Blåsippsglädjen är evig –
Inte glädjen över blåsippan
men den glädjen
som skapar henne

4. Aldrig hittar jag
någon fyrklöver

Men för mig
är varenda treklöver
lycka

Fult att vara

Råkar jag vakna
tidigt en morgon
överraskande fåglarna
hararna, sipporna
just som de öppnar sig
inne på Johans tomt –

ser jag hur solen
den länge så längtade
ler mot dem alla
ropar jag:
äntligen, äntligen!
öppnar jag fönstret
med dunder och brak
på människors vis
Då

går hon i moln
av någon anledning
Avoga, misslynta
ser på mig fågeln
ser på mig haren och sippan:
Gå du och lägg dig
människa
Dra något gammalt över dig –

Som trodde de

De lyfter dem ännu
troskyldigt
vädjande
Rödsvingeln sina vippor
Daggkåpan sin pärla
Klövern sina skålar
av honung

som trodde de aldrig
en smitta
som trodde de
att saltet och spillet
fartfebern
mellan blommande diken
bara är ett sätt att skämta

tillfälligt

snart övergående

Människas sätt
att skämta

Rena regnen innan –

Jag minns
det var de rena regnens tid
de rena regnen innan –

Man kunde gå genom hagarna
Man kunde somna där utan rädsla
fast man var flicka
Man kunde fylla handen med bär
och dricka dem som ur skopa
utan tanke på fara
utan annan tanke
än eftersinnandets och smakens

Man samlade regnvatten
i tunnan vid trappan
Man tvättade håret i det
och tyckte att man ville flyga sedan
Och regnet var en vän
som sval förlösande gråt
över lyftat ansikte

–

Jag minns inte att trasan blev grå som nu
när jag torkade daggen
av bänk och bord före frukost

Bara inte tänka

Tänker:
bara inte tänka

Tiden är september
Naturen slösar guld
Och små grå gnagare
pärleögda
söker sig fram
söker sig in
bara för att boa
bara för att äta
för att överleva

och jag
lägger ut råttgiftet

Tänker:
bara inte tänka

Och undrar på nytt
över min jämnårige bror
som lät sig låta
bomben falla
över Hiroshima

Vid grinden

En dag så full
av skyar
av blyertsgrått
och gyllenstänk –
en dag, en skänk

Min glädje brinner
liksom lönnen
en oktoberdag
vid grinden
in mot allhelgona

VII

POSITION

Position

1. Det kom en fjäril
uppför Broholmsvägen –

det är där jag bor –

här kommer annars
bara de vanliga åken

Märkligt –

Hans Höghet på besök
med ärende til mig

2. Du vill ha min adress
och mitt nummer?

Stugan ligger nära backen
alldeles under skyarna

Numret kan du titta
i stjärnorna efter

3. Inför en sten på Alvaret
har jag stannat

Låt mig vara människa
lika skönt
som den stenen är sten
i Din skapelse

Stund av liv

Att intet äga
att endast vara
ingenting säga
och ej förklara –

o, stund av liv –

en sluten fjäril
från frostig ruta
slår sakta ut
i min öppna hand

Väntan

Fostret
i födelsen hit
larven
i den hårt dragna puppan
gömmer
vingväxandets
utsträckandets
möjligheter
ända till den yttersta
den
i födelsen härifrån

Hunnen hit

Hunnen hit
ser vandrerskan sig om
Slätar håret grånat
ifrån pannan
löser sina lemmar
lämnar brådskan
i en hög vid vägen
fyller hjärtat
med en fågels sång

Det som varit
– det som verkligt varit –
är bevarat
Någonstans en dag hon vandrar
som på ängar
att återfinna
att glädjas

INNEHÅLL

VI. TID ATT TYST BETRAKTA

VII. POSITION

Skriv till förlaget för att beställa fler exemplar:

HME Publishing
Box 1343
181 25 Lidingö

Telefon: 08-636 25 89
Telefax: 08-636 25 99

www.hme.se
sales@hme.se

www.ingramcontent.com/pod-product-compliance
Lightning Source LLC
LaVergne TN
LVHW101952220826
846093LV00006B/189

* 9 7 8 9 1 9 7 7 2 6 0 8 5 *